lingoXpress

WELCOME

This book has been crafted with the novice learner in mind, providing a solid foundation in essential vocabulary and phrases to help you confidently navigate everyday situations in a new language. Language is more than just a means of communication; it is a gateway to understanding different cultures, connecting with people, and broadening your horizons. Whether you are preparing for a trip, expanding your professional skills, or simply exploring a personal interest, learning a new language can be an incredibly rewarding experience.

In creating this book, we focused on three core principles: simplicity, practicality, and accessibility. The 50 themed chapters are designed to cover a wide range of common scenarios, from greetings and introductions to shopping and dining, ensuring that you have the words and phrases you need right at your fingertips.

One of the unique features of this book is the integration of online audio pronunciation support.

We understand that correct pronunciation is key to effective communication, which is why we have included high-quality audio recordings for every word and phrase. Listening to native speakers will help you develop an authentic accent and boost your confidence in speaking.

Learning a new language can seem daunting at first, but with this book, you will find that it is a manageable and enjoyable journey. The clear, user-friendly layout allows you to learn at your own pace, making the process both effective and enjoyable. Thank you for choosing this book as your language-learning companion. We hope it inspires you to explore new opportunities and connect with the world in ways you never thought possible.

Happy learning!

USE THIS QR CODE TO ACCESS THE ONLINE AUDIO RESOURCES:

INDEX

BEANNACHTAÍ

Greetings

HELLO

Hello, how are you?

DIA DUIT

Dia duit, conas atá tú?

GOOD MORNING

Good morning, did you sleep well?

MAIDIN MHAITH

Maidin mhaith, ar chodail tú go maith?

GREETINGS

GOOD AFTERNOON Good afternoon, how was your day?	**TRÁTHNÓNA MAITH** Tráthnóna maith, conas a bhí do lá?
GOOD EVENING Good evening, let's watch a movie.	**OÍCHE MHAITH** Oíche mhaith, féachaimis ar scannán.
GOODBYE Goodbye, see you tomorrow.	**SLÁN** Slán, feicfidh mé thú amárach.
PLEASE Please pass the salt.	**LE DO THOIL** Le do thoil, pas an salann.

BEANNACHTAÍ

THANK YOU

Thank you for your help.

GO RAIBH MAITH AGAT

Go raibh maith agat as do chabhair.

YES

Yes, I would like some coffee.

IS EA

Is ea, ba bhreá liom caife.

NO

No, I don't want any.

NÍL

Níl, níor mhaith liom aon cheann.

EXCUSE ME

Excuse me, where is the bathroom?

GABH MO LEITHSCÉAL

Gabh mo leithscéal, cá bhfuil an leithreas?

FRÁSAÍ COITIANTA

Common Phrases

HOW MUCH DOES IT COST?

How much does this book cost?

CÉ MHÉAD A CHOSNAÍONN SÉ?

Cé mhéad a chosnaíonn an leabhar seo?

WHERE IS THE BATHROOM?

Excuse me, where is the bathroom?

CÁ BHFUIL AN SEOMRA FOLCTHA?

Gabh mo leithscéal, cá bhfuil an seomra folctha?

COMMON PHRASES

I DON'T UNDERSTAND

I don't understand this lesson.

NÍ THUIGIM

Ní thuigim an cheacht seo.

CAN YOU HELP ME?

Can you help me with my homework?

AN FÉIDIR LEAT CABHRÚ LIOM?

An féidir leat cabhrú liom le m'obair bhaile?

I'M SORRY

I'm sorry for being late.

TÁ BRÓN ORM

Tá brón orm go bhfuil mé déanach.

WHAT TIME IS IT?

Do you know what time it is?

CÉN T-AM É?

An bhfuil a fhios agat cén t-am é?

FRÁSAÍ COITIANTA

I AM LOST

I am lost, can you help me?

TÁ MÉ CAILLTE

Tá mé caillte, an féidir leat cabhrú liom?

I LOVE YOU

I love you very much.

TÁ GRÁ AGAM DUIT

Tá grá mór agam duit.

I AM HUNGRY

I am hungry, let's eat something.

TÁ OCRAS ORM

Tá ocras orm, déanaimis rud éigin a ithe.

I AM THIRSTY

I am thirsty, can I have some water?

TÁ TART ORM

Tá tart orm, an féidir liom uisce a fháil?

UIMHREACHA

Numbers

ONE

One apple, please.

AON

Aon úll, le do thoil.

TWO

I have two cats.

DHÁ

Tá dhá chat agam.

NUMBERS

THREE
There are three books on the table.

TRÍ
Tá trí leabhar ar an mbord.

FOUR
We need four chairs.

CEATHAIR
Tá ceithre chathaoir uainn.

FIVE
She has five pencils.

CÚIG
Tá cúig pheann luaidhe aici.

SIX
The clock shows six o'clock.

SÉ
Taispeánann an clog sé a chlog.

UIMHREACHA

SEVEN

There are seven days in a week.

SEACHT

Tá seacht lá sa tseachtain.

EIGHT

The cake is cut into eight pieces.

OCHT

Tá an cáca gearrtha ina ocht bpíosa.

NINE

There are nine students in the class.

NAOI

Tá naoi ndalta sa rang.

TEN

I can count to ten.

DEICH

Is féidir liom comhaireamh go dtí deich.

LAETHANTA NA SEACHTAINE

Days of the Week

MONDAY

I have a meeting on Monday.

LUAN

Tá cruinniú agam ar an Luan.

TUESDAY

She goes to the gym on Tuesday.

MÁIRT

Téann sí chuig an giomnáisiam ar an Máirt.

DAYS OF THE WEEK

WEDNESDAY

We have a class on Wednesday.

CÉADAOIN

Tá rang againn ar an gCéadaoin.

THURSDAY

The market opens on Thursday.

DÉARDAOIN

Osclaíonn an margadh Déardaoin.

FRIDAY

Friday is my favorite day.

AOINE

Is é an Aoine an lá is fearr liom.

SATURDAY

They visit their grandparents on Saturday.

SATHARN

Tugann siad cuairt ar a seantuismitheoirí ar an Satharn.

LAETHANTA NA SEACHTAINE

SUNDAY

We rest on Sunday.

DOMHNACH

Línn muid ar an Domhnach.

WEEKEND

What are your plans for the weekend?

DEIREADH SEACHTAINE

Cad iad do phleananna don deireadh seachtaine?

WEEKDAY

A weekday is any day except the weekend.

LÁ OIBRE

Is lá oibre aon lá seachas an deireadh seachtaine.

HOLIDAY

Christmas is a holiday.

SAOIRE

Is saoire é an Nollaig.

MÍONNA NA BLIANA

Months of the Year

JANUARY My birthday is in January.	**EANÁIR** Tá mo bhreithlá i mí Eanáir.
FEBRUARY Valentine's Day is in February.	**FEABHRA** Tá Lá Fhéile Vailintín i mí Feabhra.

MONTHS OF THE YEAR

MARCH

Spring starts in March.

MÁRTA

Tosaíonn an t-earrach i mí an Mhárta.

APRIL

April is a rainy month.

AIBREÁN

Is mí bháistí é Aibreán.

MAY

Mother's Day is in May.

BEALTAINE

Tá Lá na Máithreacha i mí na Bealtaine.

JUNE

School ends in June.

MEITHEAMH

Críochnaíonn an scoil i mí an Mheithimh.

MÍONNA NA BLIANA

JULY

Independence Day is in July.

IÚIL

Tá Lá na Saoirse i mí Iúil.

AUGUST

We go on vacation in August.

LÚNASA

Téimid ar saoire i mí Lúnasa.

SEPTEMBER

School starts in September.

MEÁN FÓMHAIR

Tosaíonn an scoil i mí Mheán Fómhair.

OCTOBER

Halloween is in October.

DEIREADH FÓMHAIR

Tá Oíche Shamhna i mí Dheireadh Fómhair.

DATHANNA

Colors

RED The apple is red.	**DEARG** Tá an t-úll dearg.
BLUE The sky is blue.	**GORM** Tá an spéir gorm.

COLORS

GREEN The grass is green.	**GLAS** Tá an féar glas.
YELLOW The sun is yellow.	**BUÍ** Tá an ghrian buí.
BLACK The night is black.	**DUBH** Tá an oíche dubh.
WHITE The snow is white.	**BÁN** Tá an sneachta bán.

DATHANNA

GRAY
The sky is gray today.

LIATH
Tá an spéir liath inniu.

BROWN
The soil is brown.

DONN
Tá an ithir donn.

PINK
The flower is pink.

BÁNDEARG
Tá an bláth bándearg.

PURPLE
The grapes are purple.

CORCRA
Tá na fíonchaora corcra.

BAILL TEAGHLAIGH

Family Members

MOTHER

My mother is a teacher.

MÁTHAIR

Is múinteoir í mo mháthair.

FATHER

My father works in a bank.

ATHAIR

Oibríonn mo athair i mbanc.

FAMILY MEMBERS

BROTHER

My brother is younger than me.

DHEARTHÁIR

Tá mo dheartháir níos óige ná mise.

SISTER

My sister is older than me.

DHEIRFIÚR

Tá mo dheirfiúr níos sine ná mise.

GRANDFATHER

My grandfather is retired.

SEANATHAIR

Tá mo sheanathair ar scor.

GRANDMOTHER

My grandmother tells great stories.

SEANMHÁTHAIR

Insíonn mo sheanmháthair scéalta iontacha.

BAILL TEAGHLAIGH

UNCLE

My uncle lives in the city.

UNCAIL

Conaíonn m'uncail sa chathair.

AUNT

My aunt is a doctor.

AINTÍN

Is dochtúir í m'aintín.

COUSIN

My cousin is visiting us.

COL CEATHRAR

Tá mo chol ceathrar ar cuairt chugainn.

NEPHEW

My nephew is learning to read.

NIA

Tá mo nia ag foghlaim léamh.

BIA AGUS DEOCHANNA

Food and Drinks

BREAD

I like to eat bread.

ARÁN

Is maith liom arán a ithe.

WATER

I drink a lot of water.

UISCE

Ólaim a lán uisce.

FOOD AND DRINKS

MILK

I drink milk every morning.

BAINNE

Ólaim bainne gach maidin.

JUICE

He drinks orange juice.

SÚ

Ólann sé sú oráiste.

COFFEE

I drink coffee in the morning.

CAIFE

Ólaim caife ar maidin.

TEA

She likes to drink tea.

TAE

Is maith léi tae a ól.

BIA AGUS DEOCHANNA

WINE

He likes red wine.

FÍON

Is maith leis fíon dearg.

BEER

He drinks beer with friends.

BEOIR

Ólann sé beoir le cairde.

SODA

I like to drink soda.

SÓID

Is maith liom sóid a ól.

WINE

They enjoy a glass of wine.

FÍON

Baineann siad taitneamh as gloine fíona.

ÉADAÍ

Clothing

SHIRT

I bought a new shirt.

LÉINE

Cheannaigh mé léine nua.

PANTS

He is wearing blue pants.

BRÍSTE

Tá bríste gorm á chaitheamh aige.

CLOTHING

DRESS

She bought a red dress.

GÚNA

Cheannaigh sí gúna dearg.

SHOES

I need new shoes.

BRÓGA

Tá bróga nua uaim.

HAT

He wears a hat.

HATA

Caitheann sé hata.

SKIRT

She is wearing a skirt.

SCIORTA

Tá sciorta á chaitheamh aici.

ÉADAÍ

COAT

I wear a coat in winter.

CÓTA

Caitheann mé cóta sa gheimhreadh.

JACKET

She bought a new jacket.

SEAICÉAD

Cheannaigh sí seaicéad nua.

T-SHIRT

He is wearing a T-shirt.

T-LÉINE

Tá T-léine á chaitheamh aige.

SWEATER

She knitted a sweater.

GEANSAÍ

Rinne sí geansaí.

TEACH AGUS BAILE

House and Home

HOUSE

The house is big.

TEACH

Tá an teach mór.

ROOM

My room is on the second floor.

SEOMRA

Tá mo sheomra ar an dara hurlár.

HOUSE AND HOME

KITCHEN

The kitchen is clean.

CISTIN

Tá an chistin glan.

BATHROOM

The bathroom is upstairs.

SEOMRA FOLCTHA

Tá an seomra folctha thuas staighre.

LIVING ROOM

The living room is spacious.

SEOMRA SUITE

Tá an seomra suite fairsing.

BEDROOM

The bedroom is cozy.

SEOMRA LEAPA

Tá an seomra leapa teolaí.

TEACH AGUS BAILE

GARDEN

The garden is beautiful.

GAIRDÍN

Tá an gairdín álainn.

GARAGE

The car is in the garage.

GARÁISTE

Tá an carr sa gharáiste.

BALCONY

We have breakfast on the balcony.

BALCÓIN

Bíonn bricfeasta againn ar an mbalcóin.

ROOF

The roof needs repair.

DÍON

Tá gá le deisiú ar an díon.

SCOIL

School

TEACHER

The teacher is explaining the lesson.

MÚINTEOIR

Tá an múinteoir ag míniú an cheachta.

STUDENT

The student is studying hard.

MAC LÉINN

Tá an mac léinn ag staidéar go dian.

SCHOOL

CLASSROOM

The classroom is full of students.

SEOMRA RANGA

Tá an seomra ranga lán le mic léinn.

HOMEWORK

I have a lot of homework.

OBAIR BHAILE

Tá a lán obair bhaile agam.

EXAM

The exam was very difficult.

SCRÚDÚ

Bhí an scrúdú an-deacair.

LIBRARY

I study in the library.

LEABHARLANN

Déanaim staidéar sa leabharlann.

SCOIL

BOOK

I am reading a book.

LEABHAR

Táim ag léamh leabhair.

DESK

My desk is tidy.

DEASC

Tá mo dheasc néata.

PEN

I need a pen to write.

PEANN

Teastaíonn peann uaim chun scríobh.

NOTEBOOK

I write in my notebook.

CÓIPLEABHAR

Scríobhaim i mo chóipleabhar.

POIST AGUS GAIRMEACHA

Jobs and Professions

DOCTOR

The doctor is very kind.

DOCHTÚIR

Tá an dochtúir an-cineálta.

ENGINEER

The engineer designed the bridge.

INNEALTÓIR

Dhear an t-innealtóir an droichead.

JOBS AND PROFESSIONS

NURSE

The nurse is very caring.

ALTRA

Tá an t-altra an-chúramach.

TEACHER

The teacher is very strict.

MÚINTEOIR

Tá an múinteoir an-dian.

POLICE OFFICER

The police officer helped us.

OIFIGEACH PÓILÍNÍ

Chabhraigh an t-oifigeach póilíní linn.

FIREFIGHTER

The firefighter saved the cat.

COMHRAICEOIR DÓITEÁIN

Shábháil an comhraiceoir dóiteáin an cat.

POIST AGUS GAIRMEACHA

CHEF

The chef cooked a delicious meal.

CÓCAIRE

Cócaráil an cócaire béile blasta.

ARTIST

The artist painted a beautiful picture.

EALAÍONTÓIR

Tá pictiúr álainn péinteáilte ag an ealaíontóir.

LAWYER

The lawyer gave us advice.

DLÍODÓIR

Thug an dlíodóir comhairle dúinn.

DENTIST

The dentist cleaned my teeth.

FIACLÓIR

Ghlan an fiaclóir mo fhiacla.

IOMPAR

Transportation

CAR

I bought a new car.

CARR

Cheannaigh mé carr nua.

BUS

I take the bus to work.

BUS

Tógaim an bus chun na hoibre.

TRANSPORTATION

BICYCLE

I ride my bicycle every day.

ROTHAR

Téim ag rothaíocht gach lá.

TRAIN

The train is late.

TRAEIN

Tá an traein mall.

PLANE

The plane is taking off.

EITLEÁN

Tá an t-eitleán ag éirí de thalamh.

BOAT

The boat is sailing.

BÁD

Tá an bád ag seoltóireacht.

IOMPAR

TRUCK

The truck is carrying goods.

LEORAÍ

Tá an leoraí ag iompar earraí.

MOTORCYCLE

The motorcycle is fast.

GLUAISROTHAR

Tá an gluaisrothar tapa.

SUBWAY

The subway is crowded.

FO-BHÓTHAR

Tá an fo-bhóthar plódaithe.

HELICOPTER

The helicopter is flying low.

HÉILEACAPTAR

Tá an héileacaptar ag eitilt íseal.

TAISTEAL

Travel

AIRPORT	**AERFORT**
The airport is very busy.	Tá an t-aerfort an-ghnóthach.
HOTEL	**ÓSTÁN**
We are staying in a nice hotel.	Táimid ag fanacht in óstán deas.

TRAVEL

PASSPORT

Do you have your passport?

PAS

An bhfuil do phas agat?

TICKET

I bought a ticket to Paris.

TICÉAD

Cheannaigh mé licéad go Páras.

TOURIST

The tourist is taking pictures.

TURASÓIR

Tá an turasóir ag glacadh grianghraf.

LUGGAGE

I need to pack my luggage.

BAGÁISTE

Tá orm mo bhagáiste a phacáil.

TAISTEAL

MAP
Do you have a map?

LÉARSCÁIL
An bhfuil léarscáil agat?

GUIDE
The guide showed us around.

TREORAÍ
Thaispeáin an treoraí timpeall dúinn.

VISA
I need a visa to travel.

VÍOSA
Tá víosa ag teastáil uaim chun taisteal.

SUITCASE
My suitcase is heavy.

MÁLA TAISTIL
Tá mo mhála taistil trom.

AIMSIR

Weather

SUNNY

Today is a sunny day.

GRIANMHAR

Tá sé grianmhar inniu.

RAINY

It is a rainy afternoon.

BÁISTÍ

Tá sé báistíoch tráthnóna.

WEATHER

WINDY	**GAOFAR**
It is a windy day.	Tá sé gaofar inniu.
SNOWY	**SNEACHTA**
It is a snowy morning.	Tá sé sneachta maidin.
CLOUDY	**SCAMALLACH**
It is a cloudy evening.	Tá sé scamallach tráthnóna.
STORMY	**STOIRMEACH**
It is a stormy night.	Tá sé stoirmiúil oíche.

AIMSIR

FOGGY It is a foggy morning.	**CEOMHAR** Tá sé ceomhar maidin.
HUMID It is a humid day.	**TAISE** Tá sé taise inniu.
FREEZING It is freezing outside.	**REO** Tá sé ag reo lasmuigh.
HOT It is a hot day.	**TE** Tá sé te inniu.

SLÁINTE AGUS CORP

Health and Body

DOCTOR

The doctor is very kind.

DOCHTÚIR

Tá an dochtúir an-chineálta.

NURSE

The nurse is very caring.

ALTRA

Tá an altra an-chúramach.

HEALTH AND BODY

HOSPITAL
The hospital is clean.

OSPIDÉAL
Tá an t-ospidéal glan.

MEDICINE
I need to take my medicine.

CÓGAS
Tá gá agam mo chógas a ghlacadh.

PHARMACY
I need to go to the pharmacy.

CÓGASLANN
Tá gá agam dul chuig an gcógaslann.

DENTIST
I have an appointment with the dentist.

FIACLÓIR
Tá coinne agam leis an bhfiaclóir.

SLÁINTE AGUS CORP

THERAPIST

The therapist is very helpful.

TEIRIPEOIR

Tá an teiripeoir an-chabhrach.

SURGEON

The surgeon performed a successful operation.

MÁINLIA

Rinne an máinlia obráid rathúil.

PATIENT

The patient is recovering.

OTHAR

Tá an t-othar ag téarnamh.

CLINIC

The clinic is open 24 hours.

CLINIC

Tá an clinic oscailte 24 uair.

MOTHÚCHÁIN

Emotions

HAPPY

She feels very happy today.

SÁSTA

Mothaíonn sí an-sásta inniu.

SAD

He looks sad.

BRÓNACH

Féachann sé brónach.

EMOTIONS

ANGRY

She is angry with her friend.

FEARGACH

Tá fearg uirthi lena cara.

EXCITED

The children are excited.

AR BÍS

Tá na páistí ar bís.

SCARED

She is scared of the dark.

SCANRAITHE

Tá sí scanraithe den dorchadas.

SURPRISED

He was surprised by the news.

IONADH

Bhí ionadh air leis an nuacht.

MOTHÚCHÁIN

BORED

She feels bored at home.

LEAMH

Mothaíonn sí leamh sa bhaile.

CALM

He is very calm under pressure.

SOCAIR

Tá sé an-socair faoi bhrú.

NERVOUS

She is nervous about the exam.

NEIRBHÍSEACH

Tá sí neirbhíseach faoin scrúdú.

CONFUSED

He is confused about the instructions.

MEASCAITHE

Tá sé meascaithe faoi na treoracha.

NÁDÚR

Nature

TREE

The tree is very tall.

CRANN

Tá an crann an-ard.

FLOWER

The flower is beautiful.

BLÁTH

Tá an bláth álainn.

NATURE

RIVER The river is wide.	**ABHAINN** Tá an abhainn leathan.
MOUNTAIN The mountain is high.	**SLIABH** Tá an sliabh ard.
FOREST The forest is dense.	**FORAOIS** Tá an fhoraois dlúth.
OCEAN The ocean is vast.	**AIGÉAN** Tá an t-aigéan fairsing.

NÁDÚR

BEACH

The beach is crowded.

TRÁ

Tá an trá plódaithe.

DESERT

The desert is hot.

FÁSACH

Tá an fásach te.

LAKE

The lake is calm.

LOCH

Tá an loch ciúin.

VALLEY

The valley is beautiful.

GLEANN

Tá an gleann álainn.

AINMHITHE

Animals

DOG

The dog is barking.

MADRA

Tá an madra ag tafann.

CAT

The cat is sleeping.

CAT

Tá an cat ina chodladh.

ANIMALS

BIRD

The bird is singing.

ÉAN

Tá an t-éan ag canadh.

FISH

The fish is swimming.

IASC

Tá an t-iasc ag snámh.

HORSE

The horse is running.

CAPALL

Tá an capall ag rith.

COW

The cow is grazing.

BÓ

Tá an bhó ag innilt.

AINMHITHE

LION
The lion is roaring.

LEÓN
Tá an leon ag búiríl.

ELEPHANT
The elephant is huge.

EILIFINT
Tá an t-eilifint ollmhór.

MONKEY
The monkey is playful.

MONCAÍ
Tá an moncaí spraíúil.

TIGER
The tiger is fierce.

TÍOGAR
Tá an tíogar fíochmhar.

CAITHEAMH AIMSIRE

Hobbies

READING

I enjoy reading books.

LÉITHEOIREACHT

Taitníonn liom leabhair a léamh.

PAINTING

She loves painting.

PÉINTEÁIL

Is breá léi péinteáilte.

HOBBIES

GARDENING

I spend my weekends gardening.

GARRAÍODÓIREACHT

Caitheann mé mo deireadh seachtaine ag garraíodóireacht.

COOKING

He enjoys cooking.

CÓCAIREACHT

Taitníonn cócaireacht leis.

DANCING

They like dancing.

RINCE

Is maith leo rince.

CYCLING

I go cycling every morning.

ROTHAÍOCHT

Téim ag rothaíocht gach maidin.

CAITHEAMH AIMSIRE

SINGING

I enjoy singing.

AMHRÁNAÍOCHT

Taitníonn amhránaíocht liom.

SWIMMING

She loves swimming.

SNÁMH

Is breá léi snámh.

TRAVELING

I love traveling to new places.

TAISTEAL

Is breá liom taisteal go háiteanna nua.

FISHING

He goes fishing on weekends.

IASCAIREACHT

Téann sé ag iascaireacht ar an deireadh seachtaine.

SPÓIRT

Sports

FOOTBALL

He plays football every weekend.

PEIL

Imríonn sé peil gach deireadh seachtaine.

BASKETBALL

She loves playing basketball.

CISPHEIL

Is breá léi cispheil a imirt.

SPORTS

TENNIS

They play tennis on Sundays.

LEADÓG

Imríonn siad leadóg ar an Domhnach.

SWIMMING

I go swimming every morning.

SNÁMHA

Téim ag snámh gach maidin.

RUNNING

She enjoys running in the park.

RITH

Is maith léi ag rith sa pháirc.

CYCLING

He goes cycling on weekends.

ROTHAITHEACHT

Téann sé ar rothaitheacht ar an deireadh seachtaine.

SPÓIRT

YOGA

She practices yoga every day.

IÓGA

Cleachtann sí ióga gach lá.

DANCING

They enjoy dancing.

DAMSHA

Baineann siad taitneamh as damhsa.

HIKING

We go hiking in the mountains.

SIÚLÓIREACHT

Téimid ag siúlóireacht sna sléibhte.

GOLF

He plays golf with his friends.

GALF

Imríonn sé galf lena chairde.

TEICNEOLAÍOCHT

Technology

COMPUTER

I bought a new computer.

RÍOMHAIRE

Cheannaigh mé ríomhaire nua.

INTERNET

The internet is slow today.

IDIRLÍON

Tá an t-idirlíon mall inniu.

TECHNOLOGY

SMARTPHONE

I need a new smartphone.

FÓN CLISTE

Teastaíonn fón cliste nua uaim.

TABLET

The tablet is very useful.

TÁIBLÉAD

Tá an táibléad an-úsáideach.

LAPTOP

My laptop is broken.

GLÚINE

Tá mo ríomhaire glúine briste.

SOFTWARE

I need to install new software.

BOGEARRAÍ

Ní mór dom bogearraí nua a shuiteáil.

TEICNEOLAÍOCHT

APP

This app is very helpful.

AIP

Tá an aip seo an-chabhrach.

GADGET

This gadget is amazing.

GIÚIRLÉID

Tá an giúirléid seo iontach.

DEVICE

This device is easy to use.

GLÉAS

Tá an gléas seo éasca le húsáid.

CAMERA

I need a new camera.

CEAMARA

Teastaíonn ceamara nua uaim.

SIOPADÓIREACHT

Shopping

STORE

The store is open.

SIOPA

Tá an siopa oscailte.

MARKET

I buy vegetables at the market.

MARGADH

Ceannaím glasraí ag an margadh.

SHOPPING

MALL
The mall is very crowded.

IONAD SIOPADÓIREACHTA
Tá an t-ionad siopadóireachta an-ghnóthach.

SUPERMARKET
I need to go to the supermarket.

OLLMHARGADH
Caithfidh mé dul chuig an ollmhargadh.

BOUTIQUE
I found a nice dress at the boutique.

BOUTIQUE
Fuair mé gúna deas sa bhoutique.

BAKERY
The bakery sells fresh bread.

BÁCÚS
Díolann an bácús arán úr.

SIOPADÓIREACHT

PHARMACY

I need to buy medicine from the pharmacy.

CÓGASLANN

Caithfidh mé cógais a cheannach ón gcógaslann.

BUTCHER

I buy meat from the butcher.

BÚISTÉIR

Ceannaím feoil ón mbúistéir.

FLORIST

I bought flowers from the florist.

BLÁTHADÓIR

Cheannaigh mé bláthanna ón mbláthadóir.

GROCERY STORE

The grocery store is open 24/7.

SIOPA GRÓSAERA

Tá an siopa grósaera oscailte 24/7.

TREORACHA

Directions

LEFT	CLÉ
Turn left at the corner.	Cas ar chlé ag an gcúinne.

RIGHT	DEAS
Turn right after the bank.	Cas ar dheis tar éis an bhainc.

DIRECTIONS

STRAIGHT Go straight ahead.	**DÍREACH** Téigh díreach ar aghaidh.
NORTH The library is to the north.	**TUAISCEART** Tá an leabharlann ó thuaidh.
SOUTH The park is to the south.	**DEISCEART** Tá an pháirc ó dheas.
EAST The school is to the east.	**OIRTHEAR** Tá an scoil san oirthear.

TREORACHA

WEST The hospital is to the west.	**IARTHAR** Tá an t-ospidéal san iarthar.
NEAR The bank is near the post office.	**GAR** Tá an banc gar don oifig an phoist.
FAR The cinema is far from here.	**I BHFAD** Tá an phictiúrlann i bhfad uainn.
NEXT TO The restaurant is next to the hotel.	**IN AICE LE** Tá an bialann in aice leis an óstán.

AM

Time

MORNING

I wake up early in the morning.

MAIDIN

Éirím go luath ar maidin.

AFTERNOON

I work in the afternoon.

TRÁTHNÓNA

Oibrím sa tráthnóna.

TIME

EVENING	TRÁTHNÓNA
We have dinner in the evening.	Bíonn dinnéar againn sa tráthnóna.
NIGHT	**OÍCHE**
It is very quiet at night.	Tá sé an-ciúin san oíche.
HOUR	**UAIR**
The meeting lasts one hour.	Maireann an cruinniú uair amháin.
MINUTE	**NÓIMÉAD**
Wait a minute, please.	Fan nóiméad, le do thoil.

AM

SECOND	SOICIND
I will be there in a second.	Beidh mé ann i soicind.

DAY	LÁ
It is a beautiful day.	Is lá álainn é.

WEEK	SEACHTAIN
I will see you next week.	Feicfidh mé tú an tseachtain seo chugainn.

MONTH	MÍ
I will travel next month.	Taistealóidh mé an mhí seo chugainn.

CEILIÚRTHA

Celebrations

CHRISTMAS

We celebrate Christmas in December.

NOLLAIG

Ceiliúrann muid an Nollaig i mí na Nollag.

BIRTHDAY

Her birthday is next week.

BREITHLÁ

Tá a breithlá an tseachtain seo chugainn.

CELEBRATIONS

EASTER

We have an Easter egg hunt.

CÁISC

Bíonn tóraíocht uibheacha Cáisce againn.

NEW YEAR

We celebrate the New Year with fireworks.

ATHBHLIAIN

Ceiliúrann muid an Athbhliain le tinte ealaíne.

WEDDING

The wedding was beautiful.

BAINIS

Bhí an bhainis go hálainn.

FESTIVAL

The festival is held every year.

FÉILE

Reáchtáiltear an fhéile gach bliain.

CEILIÚRTHA

ANNIVERSARY Today is their wedding anniversary.	**COMÓRADH** Inniu atá a gcomóradh pósta acu.
HOLIDAY Today is a public holiday.	**SAOIRE** Tá sé ina lá saoire poiblí inniu.
PARTY The party was a lot of fun.	**CÓISIR** Bhí an chóisir an-spraoi.
CARNIVAL The carnival is colorful and lively.	**CARNABHAL** Tá an carnábhal ildaite agus beomhar.

CEOL

Music

SONG

I like this song.

AMHRÁN

Is maith liom an t-amhrán seo.

MUSIC

She listens to music every day.

CEOL

Éisteann sí le ceol gach lá.

MUSIC

BAND

I like this band.

BANNA

Is maith liom an banna seo.

INSTRUMENT

He plays a musical instrument.

UIRLIS

Seinneann sé uirlis cheoil.

CONCERT

The concert was amazing.

CEOLCHOIRM

Bhí an cheolchoirm iontach.

GUITAR

He plays the guitar.

GIOTÁR

Seinneann sé an giotár.

CEOL

PIANO
She plays the piano beautifully.

PIANÓ
Seinneann sí an pianó go hálainn.

VIOLIN
He is learning to play the violin.

VIÓLA
Tá sé ag foghlaim an vióla a sheinm.

DRUMS
He plays the drums in a band.

DRUMAÍ
Seinneann sé na drumaí i mbanna.

MICROPHONE
She sang into the microphone.

MICREAFÓN
Chan sí isteach sa mhicreafón.

SCANNÁIN AGUS CLÁRACHA TEILIFÍSE

Movies and TV Shows

MOVIE

This movie is very interesting.

SCANNÁN

Tá an scannán seo an-suimiúil.

TV SHOW

This TV show is very popular.

CLÁR TEILIFÍSE

Tá an clár teilifíse seo an-choitianta.

MOVIES AND TV SHOWS

ACTOR

The actor is very talented.

AISTEOIR

Tá an t-aisteoir an-tallannach.

DIRECTOR

The director made a great movie.

STIÚRTHÓIR

Rinne an stiúrthóir scannán iontach.

EPISODE

I watched the latest episode.

EIPEASÓID

D'fhéach mé ar an eipeasóid is déanaí.

SERIES

This series is very popular.

SRAITH

Tá an tsraith seo an-choitianta.

SCANNÁIN AGUS CLÁRACHA TEILIFÍSE

SEASON

The new season starts soon.

SÉASÚR

Tosaíonn an séasúr nua go luath.

GENRE

This genre is my favorite.

SEÁNRA

Is é an seánra seo an ceann is fearr liom.

DOCUMENTARY

I watched a documentary.

CLÁR FAISNÉISE

D'fhéach mé ar chlár faisnéise.

COMEDY

I like watching comedy shows.

GRINN

Is maith liom féachaint ar seónna grinn.

LEABHAIR AGUS LITRÍOCHT

Books and Literature

BOOK

I am reading a new book.

LEABHAR

Táim ag léamh leabhair nua.

AUTHOR

The author is very famous.

ÚDAR

Tá an t-údar an-cháiliúil.

BOOKS AND LITERATURE

STORY

The story is captivating.

SCÉAL

Tá an scéal tarraingteach.

NOVEL

I am reading a novel.

ÚRSCÉAL

Táim ag léamh úrscéil.

POETRY

I enjoy reading poetry.

FILÍOCHT

Taitníonn léamh filíochta liom.

CHAPTER

I finished the first chapter.

CAIBIDIL

Chríochnaigh mé an chéad chaibidil.

LEABHAIR AGUS LITRÍOCHT

LIBRARY

The library has many books.

LEABHARLANN

Tá go leor leabhair sa leabharlann.

FICTION

I like reading fiction.

FICSIN

Is maith liom ficsin a léamh.

BIOGRAPHY

I am reading a biography.

BEATHAISNÉIS

Tá mé ag léamh beathaisnéise.

PUBLISHER

The publisher released a new book.

FOILSITHEOIR

D'fhoilsigh an foilsitheoir leabhar nua.

EALAÍN

Art

PAINTING	**PÉINTÉIREACHT**
The painting is beautiful.	Tá an phéintéireacht álainn.
SCULPTURE	**DEALBHÓIREACHT**
The sculpture is impressive.	Tá an dealbhóireacht suntasach.

ART

DRAWING

The drawing is detailed.

LÍNÍOCHT

Tá an líníocht mionsonraithe.

MUSEUM

The museum has many exhibits.

IARSMALANN

Tá go leor taispeántais san iarsmalann.

GALLERY

The gallery displays modern art.

DÁNLANN

Taispeánann an dánlann ealaín nua-aimseartha.

EXHIBITION

The exhibition opens tomorrow.

TAISPEÁNTAS

Osclaíonn an taispeántas amárach.

EALAÍN

PHOTOGRAPH

The photograph is in black and white.

GRIANGHRAF

Tá an grianghraf dubh agus bán.

STATUE

The statue is made of marble.

DEALBH

Tá an dealbh déanta as marmar.

CANVAS

The artist painted on canvas.

CANBHÁS

Rinne an t-ealaíontóir péinteáil ar chanbhás.

GRAFFITI

The graffiti is very artistic.

GRAIFÍTÍ

Tá na graifítí an-ealaíonta.

EOLAÍOCHT

Science

EXPERIMENT

We did a science experiment.

TURGNAMH

Rinneamar turgnamh eolaíochta.

MICROSCOPE

We looked at cells under the microscope.

MICEAGASCÓP

D'fhéachamar ar chealla faoin míceagascóp.

SCIENCE

PHYSICS

Physics is my favorite subject.

FISIC

Is é fisic an t-ábhar is fearr liom.

CHEMISTRY

We learned about elements in chemistry.

CEIMIC

D'fhoghlaimíomar faoi dhúile sa cheimic.

BIOLOGY

Biology studies living organisms.

BITHÓLAIS

Déanann bithólais staidéar ar orgánaigh bheo.

ASTRONOMY

Astronomy is fascinating.

RÉALTEOLAÍOCHT

Tá réalteolaíocht thar a bheith suimiúil.

EOLAÍOCHT

GEOLOGY

Geology studies the Earth.

GEOLAÍOCHT

Déanann geolaíocht staidéar ar an Domhan.

BOTANY

Botany is the study of plants.

LUIBHEOLAÍOCHT

Is í luibheolaíocht staidéar na bplandaí.

ECOLOGY

Ecology focuses on ecosystems.

ÉICEOLAÍOCHT

Díríonn éiceolaíocht ar éiceachórais.

GENETICS

Genetics is a branch of biology.

GÉINEOLAÍOCHT

Is brainse de bhitheolaíocht í géineolaíocht.

MATAMAITIC

Math

ADDITION

Addition is easy for her.

CUIR LE CHÉILE

Tá cuibhniúchán éasca di.

SUBTRACTION

Subtraction can be tricky.

DEALÚ

Is féidir dealú a bheith mealltach.

MATH

MULTIPLICATION

He is good at multiplication.

IOLRÚ

Tá sé go maith ag iolrú.

DIVISION

Division is a basic math operation.

ROINNTE

Is gnáth-oibríocht mhatamaiticiúil é an roinnte.

FRACTION

We are learning fractions in math.

CODÁN

Táimid ag foghlaim faoi chodáin i matamaitic.

EQUATION

The equation is difficult to solve.

COTHROMÓID

Tá sé deacair an chothromóid a réiteach.

MATAMAITIC

GEOMETRY

Geometry involves shapes and angles.

GEOIMÉADRACHT

Baineann geoiméadracht le cruthanna agus uillinneacha.

ALGEBRA

Algebra uses letters and symbols.

AILGÉABAR

Úsáideann ailgéabar litreacha agus siombailí.

TRIGONOMETRY

Trigonometry deals with triangles.

TRÍTHOMHAS

Baineann tríthomhas le triantáin.

STATISTICS

Statistics is used in many fields.

STAITISTIC

Úsáidtear staitistic i go leor réimsí.

STAIR

History

WAR	**COGAIDH**
The war lasted five years.	Mhair an cogadh cúig bliana.
REVOLUTION	**RÉABHLÓID**
The revolution changed the country.	D'athraigh an réabhlóid an tír.

HISTORY

EMPIRE

The Roman Empire was vast.

IMPIREACHT

Bhí an Impireacht Rómhánach ollmhór.

COLONIZATION

Colonization impacted many regions.

COILÍNIÚ

Chuir coilíniú isteach ar go leor réigiún.

INDEPENDENCE

They fought for independence.

NEAMHSPLEÁCHAS

Throid siad ar son neamhspleáchais.

ANCIENT

They studied ancient civilizations.

SEANDA

Rinne siad staidéar ar shibhialtachtaí ársa.

STAIR

MEDIEVAL

They visited a medieval castle.

MEÁNAOISEACH

Thug siad cuairt ar chaisleán meánaoiseach.

MODERN

They live in a modern house.

NUA-AIMSEARTHA

Tá cónaí orthu i dteach nua-aimseartha.

RENAISSANCE

The Renaissance was a period of cultural revival.

ATHBHEOCHAN

Ba thréimhse athbheochana cultúrtha í an Athbheochan.

VICTORIAN

They restored a Victorian house.

VÉINEACH

D'athchóirigh siad teach Véiníoch.

TÍREOLAÍOCHT

Geography

CONTINENT

Africa is a continent.

MÓR-ROINN

Is mór-roinn í an Afraic.

COUNTRY

France is a beautiful country.

TÍR

Is tír álainn í an Fhrainc.

GEOGRAPHY

CITY

New York is a big city.

CATHAIR

Is cathair mhór í Nua-Eabhrac.

VILLAGE

The village is very peaceful.

SRÁIDBHAILE

Tá an sráidbhaile an-síochánta.

RIVER

The river flows through the city.

ABHAINN

Sreabhann an abhainn tríd an gcathair.

MOUNTAIN

We hiked up the mountain.

SLIABH

Dreapamar an sliabh.

TÍREOLAÍOCHT

LAKE

The lake is very deep.

LOCH

Tá an loch an-domhain.

ISLAND

We took a boat to the island.

OILEÁN

Thógamar bád go dtí an t-oileán.

DESERT

The desert is very hot during the day.

FÁSACH

Bíonn an fásach an-te i rith an lae.

CANYON

The canyon is breathtaking.

CANÁN

Tá an canán dochreidte.

POLAITÍOCHT

Politics

DEMOCRACY

Democracy allows people to vote.

DAONLATHAS

Ceadaíonn an daonlathas do dhaoine vótáil.

GOVERNMENT

The government made new laws.

RIALTAS

Rinne an rialtas dlíthe nua.

POLITICS

PRESIDENT

The president gave a speech.

UACHTARÁN

Thug an t-uachtarán óráid.

ELECTION

The election is next month.

TOGHCHÁN

Tá an toghchán an mhí seo chugainn.

SENATOR

The senator visited our town.

SEANADÓIR

Thug an seanadóir cuairt ar ár mbaile.

PARLIAMENT

The parliament passed a new law.

PARLAIMINT

Rith an pharlaimint dlí nua.

POLAITÍOCHT

CANDIDATE

The candidate gave a speech.

IARRTHÓIR

Thug an t-iarrthóir óráid.

CAMPAIGN

The campaign was successful.

FEACHTAS

Bhí an feachtas rathúil.

POLICY

The new policy was implemented.

BEARTAS

Cuireadh an beartas nua i bhfeidhm.

DIPLOMACY

Diplomacy is important in international relations.

TAIDHLEOIREACHT

Tá taidhleoireacht tábhachtach i gcaidreamh idirnáisiúnta.

CREIDEAMH

Religion

CHURCH

We go to church on Sundays.

EAGLAIS

Téimid chuig an eaglais ar an Domhnach.

MOSQUE

We visited the mosque yesterday.

MOSLAMACH

Thugamar cuairt ar an moslamach inné.

TEMPLE

The temple is very peaceful.

TEAMPALL

Tá an teampall an-síochánta.

SYNAGOGUE

We went to the synagogue for the ceremony.

SIONAGÓG

Chuamar chuig an sionagóg don searmanas.

PRIEST

The priest gave a blessing.

SAGART

Thug an sagart beannacht.

BIBLE

I read the Bible every day.

BÍOBLA

Léim an Bíobla gach lá.

CREIDEAMH

QURAN

They recite the Quran daily.

CORAN

Déantar aithris ar an gCoran go laethúil.

VEDAS

They study the Vedas.

VEDAS

Déantar staidéar ar na Vedas.

HYMN

We sang a hymn in church.

TRAIFEADH

Chanamar traifeadh sa séipéal.

PRAYER

We said a prayer for peace.

URNAÍ

Dúramar urnaí ar son na síochána.

FÉILTE

Festivals

CARNIVAL

The carnival is very colorful.

CAIRÉAL

Tá an cairéal an-dathúil.

PARADE

The parade was amazing.

PARÁID

Bhí an pharáid iontach.

FESTIVALS

FIREWORKS We watched the fireworks show.	**TINE EALAÍNE** Bhíomar ag féachaint ar an seó tine ealaíne.
CONCERT The concert was fantastic.	**CEOLCHOIRM** Bhí an cheolchoirm iontach.
DANCE They performed a traditional dance.	**DAMHSA** Rinne siad damhsa traidisiúnta.
FESTIVAL The festival was fun.	**FÉILE** Bhí an fhéile spraoi.

FÉILTE

FEAST

The feast was delicious.

FÉASTA

Bhí an féasta blasta.

CELEBRATION

The celebration lasted all night.

CEILIÚRADH

Mhair an ceiliúradh ar feadh na hoíche ar fad.

MASK

They wore masks at the festival.

MASC

Chaith siad maisc ag an bhféile.

LANTERN

The lanterns lit up the night.

LÁNTAIR

Shoilsiú ná lántracha an oíche.

MEÁIN SHÓISIALTA
Social Media

POST

I liked your post on social media.

POSTÁIL

Thaitin do phost ar na meáin shóisialta liom.

LIKE

She got many likes on her post.

IS MAITH

Fuair sí go leor maith ar a phostáil.

SOCIAL MEDIA

SHARE

Please share this post.

ROINN

Roinn an post seo le do thoil.

COMMENT

I left a comment on your photo.

TRÁCHTAIREACHT

D'fhág mé trácht ar do ghrianghraf.

FOLLOWER

She has many followers.

LEANTÓIR

Tá go leor leantóirí aici.

FRIEND REQUEST

I sent you a friend request.

IARRATAS CAIRDIS

Chuir mé iarratas cairdis chugat.

MEÁIN SHÓISIALTA

PROFILE

Update your profile picture.

PRÓIFÍL

Déan do phictiúr próifíle a nuashonrú.

TWEET

He posted a new tweet.

TVUÍT

D'fhoilsigh sé tvuít nua.

NOTIFICATION

I got a notification on my phone.

FÓGRA

Fuair mé fógra ar mo ghuthán.

FEED

I checked my feed.

BEATHA

Sheiceáil mé mo bheatha.

IDIRLÍON

Internet

WEBSITE

The website is very informative.

LÁITHREÁN GRÉASÁIN

Tá an suíomh an-fhaisnéiseach.

EMAIL

I sent you an email.

RÍOMHPHOST

Chuir mé ríomhphost chugat.

INTERNET

BLOG

I write a blog about travel.

BLAG

Scríobhaim blag faoi thaisteal.

FORUM

I joined an online forum.

FÓRAM

Chláraigh mé ar fhóram ar líne.

SEARCH

I need to search for information.

CUARDACH

Tá gá dom cuardach le haghaidh faisnéise.

LINK

Click on the link.

NASC

Cliceáil ar an nasc.

IDIRLÍON

DOWNLOAD

I need to download the file.

ÍOSLÓDÁIL

Tá gá dom an comhad a íoslódáil.

UPLOAD

I will upload the photos.

UASLÓDÁIL

Uaslódálfaidh mé na grianghraif.

PAGE

The page is loading slowly.

LEATHANACH

Tá an leathanach ag luchtú go mall.

NETWORK

The network is down.

LÍONRA

Tá an líonra síos.

FÓN AGUS CUMARSÁID

Phone and Communication

CALL

I will give you a call later.

GLAOCH

Tabharfaidh mé glaoch ort níos déanaí.

TEXT

Send me a text message.

TÉACS

Seol téacs chugam.

PHONE AND COMMUNICATION

VOICEMAIL

I left you a voicemail.

GUTHÁN PHOST

D'fhág mé guthán phost duit.

RING

My phone didn't ring.

FÁINNE

Níor chuala m'fhón fáinne.

CONTACT

I lost my contact list.

TEAGMHÁLAÍ

Chaill mé mo liosta teagmhálaí.

SIGNAL

The signal is weak here.

COMHARTHA

Tá an comhartha lag anseo.

FÓN AGUS CUMARSÁID

MESSAGE

I received your message.

TEACHTAIREACHT

Fuair mé do theachtaireacht.

CHAT

Let's have a chat.

COMHRÁ

Déanaimis comhrá.

VIDEO CALL

We had a video call.

GLAO FÍSE

Bhí glao físe againn.

RECEIVER

The receiver is not working.

GLACADÓIR

Níl an glacadóir ag obair.

SITUATIONS ÉIGEANDÁLA

Emergency Situations

AMBULANCE

Call an ambulance immediately.

OTHARCHARR

Glaoigh otharcharr láithreach.

FIREFIGHTER

The firefighter saved the child.

COMHRAICEOIR DÓITEÁIN

Shábháil an comhraiceoir dóiteáin an páiste.

EMERGENCY SITUATIONS

POLICE

The police are here to help.

PÓILÍNÍ

Tá na póilíní anseo chun cabhrú.

EMERGENCY

This is an emergency situation.

ÉIGEANDÁIL

Seo éigeandáil.

ACCIDENT

He had a car accident.

TIMPISTE

Bhí timpiste ghluaisteáin aige.

EVACUATION

We had to evacuate the building.

ÉIGEANDÁIL

Bhí orainn an foirgneamh a aslonnú.

SITUATIONS ÉIGEANDÁLA

FIRST AID

I need a first aid kit.

CÉAD CHABHAIR

Tá mé ag teastáil trealamh céad cabhrach.

PARAMEDIC

The paramedic arrived quickly.

PARAIMHÍOCHAINEOIR

Shroich an paraimhíochaineoir go tapa.

RESCUE

The rescue operation was successful.

TARRTHÁIL

D'éirigh leis an oibríocht tarrthála.

ALARM

The alarm went off.

ALÁRAM

Chuaigh an t-aláram i ngníomh.

BIALANNA

Restaurants

MENU

The menu has many options.

BIACHLÁR

Tá go leor roghanna ar an mbiachlár.

WAITER

The waiter was very friendly.

FREASTALAÍ

Bhí an freastalaí an-chairdiúil.

RESTAURANTS

CHEF

The chef prepared a delicious meal.

CÓCAIRE

Ullmhaigh an cócaire béile blasta.

DISH

The dish was very tasty.

MIAS

Bhí an mhias an-bhlasta.

TIP

We left a tip for the waiter.

LEID

D'fhágamar leid don fhreastalaí.

TABLE

We reserved a table for two.

TÁBLA

Chuireamar coinníoll ar thábla do bheirt.

BIALANNA

ORDER

We would like to order now.

ORD

Ba mhaith linn ordú anois.

BILL

Can we have the bill, please?

BILLE

An féidir linn an bille a fháil, le do thoil?

CUISINE

The restaurant offers Italian cuisine.

CÓCARÁIL

Cuireann an bialann cócaireacht Iodálach ar fáil.

CHEF

The chef cooked a wonderful meal.

CÓCAIRE

Cistineacht an chócaire béile iontach.

ÓSTÁIN

Hotels

RESERVATION

I made a reservation at the hotel.

ÁIRITHINT

Rinne mé áirithint san óstán.

RECEPTION

The reception is open 24 hours.

FÁILTIÚ

Tá an fháiltiú oscailte 24 uair an chloig.

HOTELS

CHECK-IN

We checked in at the hotel.

SEICEÁIL ISTEACH

Shéiceáil muid isteach san óstán.

ROOM

Our room is on the second floor.

SEOMRA

Tá ár seomra ar an dara hurlár.

SUITE

The suite has a beautiful view.

SRAITH

Tá radharc álainn ag an tsraith.

BREAKFAST

Breakfast is included with the room.

BRICFEASTA

Tá bricfeasta san áireamh leis an seomra.

ÓSTÁIN

LOBBY

The lobby is very spacious.

HALLA

Tá an halla an-mhór.

ELEVATOR

The elevator is out of order.

ARDAITHEOIR

Tá an t-ardaitheoir as ord.

SERVICE

The service was excellent.

SEIRBHÍS

Bhí an tseirbhís ar fheabhas.

POOL

The hotel pool is heated.

LINN SNÁMHA

Tá linn snámha an óstáin téite.

BAINCÉIREACHT

Banking

ACCOUNT

I need to check my account balance.

CUNTAS

Ní mór dom mo chothromaíocht chuntais a sheiceáil.

DEPOSIT

I need to make a deposit.

TAISCE

Ní mór dom taisce a dhéanamh.

BANKING

LOAN

I applied for a loan.

IASACHT

Chuireas isteach ar iasacht.

CREDIT

I have a good credit score.

CREIDMHEAS

Tá scór creidmheasa maith agam.

INTEREST

I paid interest on the loan.

ÚS

D'íoc mé ús ar an iasacht.

SAVINGS

I have a savings account.

COIGILTEAS

Tá cuntas coigiltis agam.

BAINCÉIREACHT

WITHDRAWAL

I need to make a withdrawal.

AISTARRAINGT

Ní mór dom aistarraingt a dhéanamh.

BALANCE

I need to check my account balance.

COTHROMAÍOCHT

Ní mór dom mo chothromaíocht chuntais a sheiceáil.

INVESTMENT

I made an investment in stocks.

INFHEISTÍOCHT

Rinne mé infheistíocht i stocanna.

TRANSFER

I need to transfer money.

AISTRIÚ

Ní mór dom airgead a aistriú.

EASTÁT RÉADACH

Real Estate

APARTMENT

I live in an apartment.

ÁRASÁN

Tá cónaí orm in árasán.

HOUSE

We bought a new house.

TEACH

Cheannaíomar teach nua.

REAL ESTATE

RENT

We pay rent every month.

CÍOS

Íocaimid cíos gach mí.

MORTGAGE

They have a mortgage on their house.

MORGÁISTE

Tá morgáiste acu ar a dteach.

PROPERTY

They own a lot of property.

MAOIN

Tá a lán maoine acu.

LEASE

We signed a lease for the apartment.

LÉASA

Shínigh muid léasa don árasán.

EASTÁT RÉADACH

AGENT

The real estate agent was very helpful.

GNÍOMHAIRE

Bhí an gníomhaire eastáit réadaigh an-chabhrach.

LANDLORD

Our landlord is very nice.

TIARNA TÍ

Tá ár dtiarna tí an-deas.

TENANT

The tenant pays rent on time.

TIONÓNTA

Íocann an tionónta cíos in am.

BROKER

The broker gave me good advice.

BRÓICÉIR

Thug an bróicéir comhairle mhaith dom.

TÉARMAÍ DLÍ

Legal Terms

LAWYER

The lawyer gave me good advice.

DLÍODÓIR

Thug an dlíodóir comhairle mhaith dom.

CONTRACT

I signed the contract.

CONRADH

Shínigh mé an conradh.

LEGAL TERMS

JUDGE

The judge made a decision.

BREITHEAMH

Rinne an breitheamh cinneadh.

COURT

The court is in session.

CÚIRT

Tá an chúirt ar siúl.

WITNESS

The witness testified in court.

FINNE

Thaispeáin an finne sa chúirt.

CRIME

Crime is a serious issue.

COIREACHT

Is ceist thromchúiseach í an choireacht.

LAW

The law must be followed.

DLÍ

Caithfear an dlí a leanúint.

ATTORNEY

The attorney represented the client.

ATURNAE

Chomh maith leis sin, léirigh an aturnae an cliant.

DEFENDANT

The defendant pleaded not guilty.

COSANTÓIR

Níl an cosantóir ciontach.

VERDICT

The verdict was announced.

VERDACHT

Fógraíodh an verdacht.

TÉARMAÍ LEIGHIS

Medical Terms

SURGERY

The surgery was successful.

MÁINLIACHT

D'éirigh go maith leis an máinliacht.

PRESCRIPTION

The doctor gave me a prescription.

OIDEAS

Thug an dochtúir oideas dom.

MEDICAL TERMS

DIAGNOSIS

The diagnosis was quick.

DIAGNÓIS

Bhí an diagnóis tapa.

TREATMENT

The treatment is working.

CÓIREÁIL

Tá an chóireáil ag obair.

VACCINE

The vaccine is safe.

VACSAÍN

Tá an vacsaín sábháilte.

ALLERGY

She has an allergy to nuts.

AILLÉIRGE

Tá ailléirge aici do cnónna.

TÉARMAÍ LEIGHIS

SYMPTOM

He had flu-like symptoms.

COMHARTHA

Bhí comharthaí cosúil leis an fliú aige.

OPERATION

The operation was a success.

OIBRÍOCHT

D'éirigh go maith leis an oibríocht.

PATIENT

The patient is recovering.

OTHAR

Tá an t-othar ag teacht chuige féin.

CONSULTATION

I have a consultation with the doctor.

COMHAIRLIÚCHÁN

Tá comhairliúchán agam leis an dochtúir.

COMHSHAOL

Environment

POLLUTION

Pollution is a big problem.

TRUAILLIÚ

Is fadhb mhór é an truailliú.

RECYCLING

Recycling helps the environment.

ATHCHÚRSÁIL

Cuidíonn athchúrsáil leis an gcomhshaol.

ENVIRONMENT

CLIMATE

The climate is changing.

AERÁID

Tá an aeráid ag athrú.

DEFORESTATION

Deforestation affects wildlife.

DÍFHORAOISIÚ

Déannan dífhoraoisiú dochar do na fiadhúlra.

OZONE

The ozone layer protects us.

ÓZÓN

Cosnaíonn an ciseal ózóin sinn.

RENEWABLE

Renewable energy is important.

IN-ATHNUAITE

Tá fuinneamh in-athnuaite tábhachtach.

COMHSHAOL

ECOSYSTEM

The ecosystem is diverse.

ÉICEACHÓRAS

Tá an t-éiceachóras éagsúil.

HABITAT

The habitat is being destroyed.

GNÁTHÓG

Tá an ghnáthóg á scrios.

BIODIVERSITY

Biodiversity is crucial.

BITHÉAGSÚLACHT

Tá bithéagsúlacht ríthábhachtach.

CONSERVATION

Conservation efforts are needed.

CAOMHNÚ

Tá iarrachtaí caomhnaithe ag teastáil.

SPÁS

Space

STAR

The star is very bright.

RÉALT

Tá an réalta an-ghlinn.

PLANET

Earth is a planet.

PLÁINÉAD

Is pláinéad í an Domhan.

SPACE

GALAXY

We live in the Milky Way galaxy.

RÉALTRA

Táimid ina gcónaí sa réaltra Bhealach na Bó Finne.

ASTEROID

An asteroid passed by Earth.

ASTARÓIDEACH

Chuaigh astaróideach thar an Domhan.

BLACK HOLE

A black hole is mysterious.

POLL DUBH

Tá poll dubh mistéireach.

SPACE STATION

The space station orbits Earth.

STÁISIÚN SPÁIS

Tá an stáisiún spáis ag fithisiú an Domhain.

SPÁS

SATELLITE The satellite sends signals.	**SATAILÍT** Seolann an satailít comharthaí.
COSMOS The cosmos is vast.	**COSMAÍ** Tá na cosmaí ollmhór.
COMET We saw a comet last night.	**CÓIMÉAD** Chonaic muid cóiméad aréir.
ROCKET The rocket launched successfully.	**ROICÉAD** D'eitil an roicéad go rathúil.

MOTHÚCHÁIN AGUS BRAISTINTÍ

Emotions and Feelings

HAPPINESS

Happiness is important.

SONAS

Tá sonas tábhachtach.

SADNESS

Sadness is a natural emotion.

BRÓN

Is mothúchán nádúrtha é an brón.

EMOTIONS AND FEELINGS

ANGER

Anger can be difficult to control.

FEARG

Is féidir go mbeidh sé deacair fearg a rialú.

FEAR

Fear can be overwhelming.

EAGLA

Is féidir go mbeidh an eagla anróiteach.

LOVE

Love is a powerful feeling.

GRÁ

Is mothú cumhachtach é an grá.

SURPRISE

The gift was a surprise.

IONADH

Ba ionadh an bronntanas.

MOTHÚCHÁIN AGUS BRAISTINTÍ

EXCITEMENT

The children were full of excitement.

RÍMÉAD

Bhí na páistí lán de ríméad.

JEALOUSY

Jealousy can ruin relationships.

ÉAD

Is féidir leis an éad caidrimh a scrios.

PRIDE

She felt pride in her work.

BRÓD

Bhraith sí bród ina cuid oibre.

GRATITUDE

He expressed his gratitude.

BHUÍOCHAS

Léirigh sé a bhuíochas.

THANK YOU

We hope this book has been a valuable resource in your journey to learn a new language.
Your commitment to expanding your linguistic skills is commendable, and we are honored to have been a part of your learning experience. We believe that language learning opens doors to new cultures, opportunities, and friendships, and we are thrilled that you have taken this step with us.

We would love to hear about your progress and experiences using this book. Your feedback is invaluable and helps us continue to improve and provide quality resources for language learners like you. Please consider leaving a review online or reaching out to us with your thoughts and suggestions.

Thank you once again for your support and dedication. We wish you continued success and joy in your language-learning journey.